निस्फ़-शब के बाद

इफ़्रीत

Made with ♥ on the Notion Press Platform
www.notionpress.com

"यह कोई कला का उत्कृष्ट नमूना नहीं है, न ही कविता या शायरी है, बल्कि सच कहूं तो यह कुछ खास भी नहीं है। यह सिर्फ एक कोशिश है, एक ऐसे इंसान की जो न तो कला को पूरी तरह समझता है और न ही भाषाओं को, लेकिन फिर भी आम लोगों को यह बताने की कोशिश कर रहा है कि वह कौन है। यह सब संभव नहीं होता अगर बहुत से लोगों ने मेरी मदद न की होती। वो लोग, जिन्हें शायद खुद यह एहसास न हो कि उन्होंने मेरी मदद की, किसी कलाकार से मिलवाकर या किसी नज़्म या ग़ज़ल से परिचित कराकर। वो लोग, जिन्होंने पहली बार 'वाह' कहा, जब मैंने हिम्मत जुटाकर कुछ खुद का लिखा हुआ सुनाया। और वे लोग, जिन्हें मैं अब भी तब फोन करता हूं, जब कभी भी मैं कुछ हल्का-फुल्का लिखने में कामयाब होता हूं। भले ही मैं ऐसे सभी लोगों का नाम यहाँ नहीं लिख पाऊं लेकिन श्रीमती पारुषा श्रीधर, वकील जिसे आप इन्स्ताग्राम पर @Cupcake_Virus के नाम से ढूँढ सकते हैं, का नाम यहाँ लिखना मेरे लिए अनिवार्य है क्यूंकि बिना उसकी सहायता के ये पुस्तक उतनी ही असंभव होती जितना एक निर्गुण वयक्ति के लिए गुन्हेगार होना| धन्यवाद|

क्रम-सूची

क्रम-सूची

1. तलाश में

गुज़रते रहे दिन यूँ ही किसी अनजान की तलाश में,
मैं गिरा भी तो उड़ान की तलाश में,
. . . . .

जब डगमगाया तो इस ज़मीन की एहिमियत समझ आई,
ठुकराया था जिसे कभी मेने आसमान की तलाश में,
. . . . .

सुकून ढूँढने घर से दूर निकल आये कहीं,
मेने शब्दों से बेवफाई की, जुबान की तलाश में,
. . . . .

अब वो मुझे जीने का तरीका बताते हैं,
गुज़ार दी जिन्होंने सारी उम्र शमशान की तलाश में,
. . . . .

फितरत-ए-हुस्न की परख ना हुई,
दिल पर चोट खा बैठे हैं, इत्मिनान की तलाश में।

2. ढूँढती हो

क्या फिरसे इश्क़ करने की वजह ढूँढती हो?
जो मुझमें नहीं है ऐसा क्या ढूँढती हो?
. . . . .

किस तरह के ख़्वाब हैं जो अधूरे रह गए?
कौन से वो घाव हैं जिनकी दवा ढूँढती हो?
. . . . .

यों भर रखा है कमरा किताबों से क्यों?
ये भरी जवानी में क्यों खुदा ढूँढती हो?
. . . . .

सीने से लगा कर आशिक़ को अपने,
फिर आँखों मैं कौनसी हया ढूँढती हो?
. . . . .

या ऊभ गई हो पुराने इश्क़ से?
दिल बहलाने को कुछ नया ढूँढती हो?

3. मिला ही नहीं

क्या ही शिकवा करें जब गिला ही नहीं,
हमारे दरमियान कोई सिल-सिला ही नहीं,
. . . . .

बेहद अज़ीज़ एक शख़्स मिल गया था आज,
पर उसमे वो शख़्स कहीं मिला ही नहीं,
. . . . .

जब तक तुझमें था बहुत कुछ था मैं,
जबसे तूने निकाला है मैं रहा ही नहीं,
. . . . .

मेरे नसीब में बहुत कुछ लिखा था खुदा ने,
मेरे ज़हन में हवस के सिवा कुछ था ही नहीं,
. . . . .

आँखों से बहुत नोचा है तेरे जिस्म को मैंने,
भले होंठों से तेरे माथे को कभी छुआ भी नहीं,
. . . . .

जितना मुझे याद है,
उतना खूबसूरत तो कभी कुछ था ही नहीं,

. . . . .

ढूँढते आए थे एक शख़्स को कुछ रिंद मुझमें,
मुझमें वैसा कोई कभी हुआ ही नहीं।

ढूँढते आए थे एक शख़्स को कुछ रिंद मुझमें,

4. क्या ढूँढता

ना जाने मैं उमर भर क्या ढूँढता रहा,
शायद अपने होने का गवाह ढूँढता रहा,
. . . . .

मंज़िल से वास्ता तो कभी था ही नहीं,
बस टहलने की ख़्वाहिश थी, रास्ता ढूँढता रहा,
. . . . .

शिकायत रही कि किसी ने मुझे देखा तक नहीं,
पर मैं भी तो औरों में बस अपना ढूँढता रहा,
. . . . .

जब ख़ुशी मिली तो रात भर मैखाने ढूँढे,
जो ग़म हुआ तो सारा दिन खुदा ढूँढता रहा,
. . . . .

यूँ आँखें तो किसी से कभी मिली ही नहीं,
तो अक्स देखने को एक शीशा ढूँढता रहा।

5. नहीं हो

कहने को तो हमे भी तुमसे प्यार नहीं,
क्या रज़ा-ओ-रग़बत मिल जाये अगर सच-मुच नहीं हो,
. . . . . .

क्या किया जाये अगर क़िल्लत हो अश्क़ों की,
और पलकों को बेहद ही तिशनगी हो,
. . . . . .

बैठा क्या सोचता रहता हूँ मैं?, "कुछ नहीं",
पर क्या सितम है कि तुम मेरे कुछ नहीं हो,
. . . . . .

तुम्हारा सब मंज़ूर है मुझे बस दोस्ती नहीं,
जो हमारा कोई राबाता हो तो दिल-लगी हो।

6. रातों में

हम जैसे सोते नहीं है दीवाने अक्सर रातों में,
कोई वजह है कि खुले रहते है मैखाने अक्सर रातों में,
. . . . .

देर रात तक करता हूँ में मशवरा तन्हाई से,
तुझसे बात करने के ढूँढता हूँ बहाने अक्सर रातों में,
. . . . .

हर रोज़ होती है अब तकरार इन करवटों से,
तेरी गोद की याद दिलाते है सिरहाने अक्सर रातों में,
. . . . .

ढलता हुआ सूरज तेरी याद दिला जाता है,
अब किसके साथ होती है वो जाने अक्सर रातों में।

7. याद आयी

लड़खड़ा पड़े कदम जब साँस ना चली तो तेरी याद आयी,
दिल बहलाने को कुछ काम रहे नहीं तो तेरी याद आयी,
. . . . . .

कब से गुजरा नहीं एक भी दिन ऐसा, जिसमे ना एक घड़ी
तेरी याद आयी,
जो बोतल में थी जब वो सर में चढ़ी तो तेरी याद आयी,
. . . . . .

जब नशा करने को शराब कम पड़ी तो तेरी याद आयी,
जब रातें सर्द हुई, ओस पड़ी, तो तेरी याद आयी,
. . . . . .

सितम हुए कितने ही मेरे ज़हन-ओ-ज़मीर पर,
आज रोने का मन हुआ तो बड़ी तेरी याद आयी।

8. उमर भर

अभी तो चले ना थे कदम भर भी,
अभी भी बाहों में थे उस सितमगर की,
. . . . .

वो जरा मुस्कुरा कर आगे बढ़ गए,
हम उस मुस्कान पर अटके रहे उमर भर ही,
. . . . . .

बस इक जुबान-ए- इश्क ना समझ पाए,
देखा तो था उसने मुझे पलट कर भी,
. . . . . .

ता-उमर रही कोशिश की उसे आगोश में भर लूं,
पर वो मेरे इरादों से ज्यादा रही, सिमट कर भी,
. . . . . .

सुना तो था के वो जिसे छू ले वो संवर जाये,
पर हम शिकस्ता दिल ही रहे संवर कर भी।

9. महकती हैं

स्याही भी तेरे ख्याल से महकती है,
ये किताबें भी क्या कमाल की महकती हैं,
. . . . .

अब उसका आना नहीं होता मेरे घर में,
ये नई चादरें बस मलाल सी महकती हैं,
. . . . .

यूँ तो बचता नहीं इन सर्द रातों में मैं,
कुछ निशानियाँ हैं जिस्म पर जो आग सी दहकती हैं,
. . . . .

आज तुमसे गुफ़्तगू कर ये मालूम हुआ,
कि दिल तो दिल है, पर बातें भी बहकती हैं,
. . . . .

यूँ ही नहीं रम जाती ये खुश्बू चीज़ों में,
कोई वजह है कि मेरी खाल तुम्हारे शाल सी महकती है।

10. बाक़ी है

सिर्फ़ सीने से लगाया है अभी कुछ कसर बाक़ी है,
इस ज़हर का होना अभी असर बाक़ी है,
. . . . .

तुम्हारे साथ देखे वो नज़ारे बेशक ख़ूबसूरत थे,
पर चलो अब बढ़ चलें, आगे सफ़र बाक़ी है,
. . . . .

आज भी जलते है गुलाब सब मुझमें,
मेरे ज़हन मैं तेरी ख़ुश्बू इस कदर बाक़ी है,
. . . . .

ताप से जल गया भले जिस्म परवाने का,
ख्वाहिशें अब भी बचीं हैं, दिल मगर बाक़ी है,
. . . . .

चला जाता हूँ सुनसान राहों पर सिर्फ़ इस लिए,
अभी मेरी ज़िंदगी का हश्र बाक़ी है।

11. मोहब्बत करें

कभी बैठें शराब की इबादत करें,
जाम हाथों में ले कर ज़माने से बगावत करें,
. . . . .

साक़ी से दिल-लगी तो हर पैमाने ने कि है,
तो क्यों ना आज हम रिंदों से हिमाक़त करें,
. . . . .

आज कुछ नहीं कहेगा ज़माना यारों,
खुदा मर चुका है, सरे आम मोहब्बत करें,
. . . . .

जब सुकून-ए -दिल मिला सिर्फ रातों से ही,
आखिर क्यों ना फिर उजाले से नदामत करें,
. . . . .

तुझे बनाकर, ए साकी, अपसराओं ने भी सोचा होगा,
इससे बढकर और क्या कयामत करें।

12. कुछ नहीं

कितनी ही खूबसूरत हो सुबहा, कितनी ही चहकती हों
चिड़ियाँ,
अंजाम-ए-दिन मगर शाम से बढ़ कर कुछ नहीं,
. . . . .

नहीं है याद अब उसकी ख़ुशबू, उसकी सूरत, उसकी आँखें,
मेरे ज़हन में वो नाम अब बस नाम से बढ़ कर कुछ नहीं,
. . . . .

शराब में पड़े पानी या पानी में शराब मिले,
अंजाम आख़िर एक जाम से बढ़ कर कुछ नहीं,
. . . . .

ये गले लगाना, ये अश्क भरी आँखें,
मुझे ये झूठे इत्मिनान से बढ कर कुछ नहीं,
. . . . .

रकीबों को होगी हुस्न की परख,
बिस्मिल को मोहब्बत अमान से बढ कर कुछ नहीं।

13. बात है

एक दफ़ा की बात है, इल्तज़ा की बात है,
उसकी आँखों का ज़िकर, यानी दूसरे जहान की बात है,
. . . . .

जोश-ए-जवानी में हुए एक गुनाह की बात है,
शब-ए-ग़म में मिली एक बेहया की बात है,
. . . . .

मेरे और साक़ी के दरमियाँ की बात है,
जो सरेआम ना कह सकूँ, इस तरहा की बात है,
. . . . .

मेरे सिवाय भी औरों से होती है बातचीत?
उसकी गलती नहीं है, बेवफ़ा तो बात है,
. . . . .

एक अलग शख़्स, अलग ज़माने की बात है,
तेरे ज़िकर पे रिंदों को लगा मैखाने की बात है,
. . . . .

समझ नहीं आती मुझे क्यों जब भी,
होती तुझे भूल जाने की बात है,

. . . . .

काँच सा हुस्न ऐसा कि आदमी के ज़हन का ज़मीर पर
क़ाबू नहीं,
शराब तो शराब है, ये तो पैमाने की बात है,

. . . . .

कुछ इस तहज़ीब से ठुकराया है तेरे शहर ने मुझ को,
अब तो लगती बुरी घर लौट जाने की बात है।

14. आँखें

बड़ी ख़ूबसूरत हैं उनकी वो आँखें,
पर यों झुकी हुई है क्यों आँखें,
. . . . .

मैंने तो सुना था कि तुम बातें बहुत करती हो,
हमसे भी तो गुफ़्तगू करो आँखें,
. . . . . .

या फिर देख लो एक दफ़ा प्यार से मुझे,
मुझको भी है आरज़ू-ए-सुकून आँखें,
. . . . .

अगर मोहब्बत बयान हो पाती सिर्फ़ आँखों से ही,
हवस तो चाहती कि नोच लूँ आँखें,
. . . . .

इन दिनों बिगड़ गई है मेरी पलकों से,
जब सामने वो हों तो झपकती है क्यों आँखें,
. . . . . .

अब तो देख कर ये आलम-ए-तन्हाई जाना,
सोचता हूँ, क्यों ना फोड़ लूँ आँखें,

. . . . .

मेरे पास तो हिज़्र में बहाने को अश्क़ भी नहीं,
जो बस चले मेरा तो निचोड़ लूँ आँखें।

15. होने में

राख हाथ आई है बावफा होने में,
सिर्फ सीख ही मिली तुझसे राबता होने में,
. . . . .

कितने मेरे अपने जल गए मोहब्बत में,
और मैं न कर सका कुछ भी सिवा होने के,
. . . . .

अब दिल को तसल्ली देता हूँ कुछ इस तरह,
के दर्द तो उसे भी हुआ होगा जुदा होने में,
. . . . .

इन बोतलों से हमारी कभी कहा इतनी यारी थी,
हाथ तुम्हारा है मेरे घर को मय-कदा होने में।

16. किनारा कर के

एक रोज़ नाम याद तुम्हारा कर के,
मैं बैठा था सितारों से किनारा कर के,
. . . . .

पहला इश्क़ कुछ ख़ास होता है जाना,
हमसे पूछो हमने देखा है दोबारा कर के,
. . . . .

तेरा नया आशिक़ मुझे कुछ रास नहीं आया,
छेड़ता है मुझे तेरी और इशारा कर के,
. . . . .

छोड़ने से पहले ज़रा रूठ कर देख लो,
रह तो लोगी ना, मेरे बगैर गुज़ारा कर के।

17. मुझ को कोई कहाँ जानता है

मेरा रंग, मेरा कद, मेरा गुनाह जानता है,
कोई भी पर मुझ को कहाँ जानता है,
. . . . . .

कोशिश थी मेरी की जान जाए ज़रूर,
क्यों जिन्दा रह गया बस खुदा जानता है,
. . . . . .

सिर्फ आंच और लपट के बस की कहाँ बात थी,
दम घोंटने का हुनर तो धुआँ जानता है,
. . . . . .

उसकी बाहों में रहती और मुझे भी साथ रखती,
तुम्ही से तो सीखा है जो हुनर धुंआ जानता है,
. . . . . .

एक वो है जो तेरे शब्द तक नहीं समझता,
एक मैं हूँ, तेरी आँखों कि जुबान जानता है,
. . . . . .

इश्क तो हम जानते हैं दोनों ही,
पर हम मैं से बस एक ही, वफा जानता है,
.　.　.　.　.

और कोई तो मेरा नाम तक नहीं जानता,
बस एक तू है, जो मेरे घर का पता जानता है,
.　.　.　.　.

हम जानना तो चाहते थे तुम्हे कुछ इस तरह,
जैसे के घूंघट हया जानता है,
.　.　.　.　.

तेरा हुस्न तुझे जानता होगा बरसों से,
पर जैसे मैं उसे जानता हूँ, तू कहाँ जानता है।

18. ज़िन्दगी हिसाब मांगती है

साँस गिन कर लिया करो, ज़िन्दगी हिसाब मांगती है।

जो कहती थी कि तेरे हर सवाल का मैं जवाब बनूंगी,
आज इलजाम लगे हैं तो मुझसे जवाब मांगती है,
यह कह कर कि कुछ नहीं चाहिए तेरे सिवा,
वो अब मुझ से मेरा शबाब मांगती है,
पूछती है क्या बस इतनी सी कीमत है मेरी,
वो जिस्म के बदले मेरे ख्वाब मांगती है,
साँस गिन कर लिया करो, ज़िन्दगी हिसाब मांगती है।
. . . . . .

जिन्हें कल तक मैं रोटियां खिलाया करता था,
जिन्हें कल तक मैं अपने हाथों से खिलाया करता था,
आज वही आवाम मेरा ताज मांगती है,
वो जो अंधेरों को मोहताज थीं, वो आँखें,
जिन्हें मैने चाँद दिखाया था वो आँखें,
वहीं आँखे आज आफताब मांगती हैं,
जिन्हे बैठाया अपने बगल में, मिटटी से उठा कर,
जिन्हे बैठाया तख्तो-ताज पर माटी से उठा कर,
अब उन्ही की ज़बान इंक़लाब मांगती है,

साँस गिन कर लिया करो, ज़िन्दगी हिसाब मांगती है।

* * * * *

जीने को ज़िन्दगी एक मंज़िल ढूँढ़ लो,

जीने को ज़िन्दगी कोई मंजिल ढूँढ़ लो,

क्या है की मेहनत भी इनाम मांगती है,

जो मर गए उनकी शान्ति के लिए,

जो मेरे साथ थे मर गए उनकी शांति के लिए,

मेरी चेतना मेरे सपनो का इंतक़ाम मांगती है,

मैं छोड़ आया पीछे अपनी मर्ज़ी से,

मैं छोड़ आया पीछे अपनी चाह से,

मेरी माटी मेरे आदर्शों को हराम मानती है,

सांस गिन कर लिया करो, ज़िन्दगी हिसाब मांगती है।

* * * * *

ये दुनिया जहाँ हज़ारों मरते हैं रोज और कोई नहीं सुनता,

ये दुनिया जहाँ हज़ारों मरते हैं रोज और कोई नहीं सुनता,

ये दुनिया सिर्फ जानवरों को बे-ज़बान मानती है,

वो जो नशे को बुरा बताती थी,

हाँ वही जो नशे को बुरा बताया करती थी,

आज वही भीड़ दबी आवाज में शराब मांगती है,

मैंने सोचा था कि सब कुछ मान लूंगा मैं,

मैंने चाहा था कि सब कुछ मान लूंगा मैं,

पर क्या करूँ गीता घुंगट और कुरान हिजाब मांगती है,

सांस गिन कर लिया करो, ज़िन्दगी हिसाब मांगती है।

====================

19. बरसात लेते आना

जो घर आओ, तो बरसात लेते आना।

खो चुका हूँ मेरा सब कुछ इस जमाने में,
मुझे भरने को कुछ अपना साथ लेते आना,
बनजर धरती सी छोड़ गयी थी तुम मुझे,
जब वापस आओ तो जज़्बात लेते आना,
पिछली बार कुछ निशानियां लाई थी अपने जिस्म पर,
इस बार कोई दूसरी सौगात लेते आना,
जो घर आओ, तो बरसात लेते आना।
. . . . . .

जो लौट आओ तो ख्वाब लेते आना,
वो ज़बान जिसने तुम्हे जी भर कर पिया हो,
उस ज़बान की झूठी ज़रा शराब लेते आना,
घूरती है मुझे कई मज़हबीयों की आँखे,
चेहरा छिपाने को एक हिजाब लेते आना,
कितने अश्क, कितनी रातें, कितने वादे,
आते हुए सब का हिसाब लेते आना,
जो लौट आओ तो ख्वाब लेते आना।
. . . . . .

जो घर आओ तो मरहम लेते आना,
इस कलम से तेरी वफा बहुत लिखी है मैंने,

तेरी बेवफाई लिखने को एक नई कलम लेते आना,
भर देता है, तेरा होना मेरे ज़ख्मों को,
आते वक्त कुछ नए ज़ख्म लेते आना,
करने दो उन्हें इन ज़मीनों पर कब्ज़ा,
मेरे लिए तो मुट्ठी भर आसमान लेते आना,
जो घर आओ तो बरसात लेते आना।

20. निस्फ़-शब के बाद

फिर वही सुबह हुई शब-ए-गम के बाद
फिर वहीं कस्बी-खाना पहुंचे बैतुल-हरम के पास,
. . . . .

फिर वही मुलज़िमों ने की बातें मोहब्बत की,
फिर वही रिंदो ने की मज़हब की बात।
. . . . .

के अब तो उसका ज़िक्र भी यूँ होता है महफ़िल में,
कि बहरे भी दाद देते "वाह क्या ग़ज़ब की बात",
. . . . .

खुदा ने भी अपने हाथ चूम लिए होंगे,
क्यों न इतराए कोई 'उस' जैसे गज़ब के बाद,
. . . . .

अब हाल यों है के पैमानों में गुज़र करते हैं,
मैं जिस्म के पीछे तबाह हुआ, कबूलने में क्या शर्म की
बात,
. . . . .

मैं होता नहीं हूँ इन दिनों अक्सर ज़ीस्तो में शामिल,

अगर मिलना हो तो आना निस्फ़-शब के बाद।

21. लोग अक्सर

लोग अक्सर सच बताते नहीं,
दिल लगाते तो हैं पर निभाते नहीं,
. . . . .

ख़ैर मैं अब क्या ही शिकवा करूँ,
अब तो हादसे भी दिल दुखाते नहीं,
. . . . .

अब रोज़ घर से निकलते हैं काम के लिए,
पर काम से लौट कर आते नहीं,
. . . . .

वैसे भी अब लोग हाल पूछते कम हैं,
और हम भी अब सच बताते नहीं।

22. कमाने मे

हो गयी शाम बस दो रोटी कमाने में,
लगता है उम्र गुज़र जाएगी बस घर बनाने मैं,
. . . . .

होने को सब कुछ होना चाहिए सब ही के पास,
पर कुछ भी तो नहीं है किसी के पास भी ज़माने में,
. . . . .

चोट लगी है, ज़ख्म गहरा है, मुझे पता है,
पर छोड़ो ये सब, क्या रखा है दिल दुखाने में,
. . . . .

मरना है, इसी बहाने ज़िन्दगी गुज़र हो रही है,
और मौत है के आती नहीं किसी बहाने से,
. . . . .

कितना हसीन होता अगर कुछ ऐसा होता ऐ सकी,
मोहब्बत सफल हो जाती सिर्फ शिद्दत से चाहने से,
. . . . .

मैं भी ख़ाली, तू भी खाली, आ दोनों को शराब से भर लें,
बस यही कह कर मैंने दोस्ती कर ली पैमाने से।

23. बहोत मिले

जूठा ही मुस्कुराने वाले बहुत मिले,
सुना है मेरे बाद उसे चाहने वाले बहुत मिले,
. . . . . .

सुकून के पल तो मिले कम,
ज़िन्दगी से मगर ताने बहुत मिले,
. . . . . .

जो गिरा तो मुझे उठाने वाले मिले कम,
कायर और भगोड़ा बताने वाले बहुत मिले,
. . . . . .

जिन लोगों को मैंने घर बनाया था कभी,
लौटा तो उन इमारतों मैं अनजाने बहुत मिले,
. . . . . .

जब-जब तन्हाई में रातें गुजर हुई,
सुबह को खली बोतलें, पैमाने बहुत मिले,
. . . . . .

किसी ने कहा के दिल लगा लो किसी से,
दिल को फिर जोड़ने में ज़माने बहुत लगे,
. . . . . .

मेरा सब जूठा पर ज़मीर सच्चा रखा,
यूँ तो ज़मीर बेचने के बहाने बहुत मिले,
. . . . . .

दूसरी ना मिली माँ की गोद सी जगह कोई,
माशूकों की गोद के सिरहाने तो बहुत मिले।

दूसरी ना मिली माँ की गोद सी जगह कोई,
माशूकों की गोद के सिरहाने तो बहुत मिले।

24. तुझे गले लगाऊं भी तो कैसे

हाल-ए-दिल बताऊँ भी तो कैसे,
नज़रें तुझसे मिलाऊँ भी तो कैसे,
. . . . .

ये आँखें, ये ज़ुल्फ़ें, ये चेहरा, ये फ़ितरत,
किसी और से दिल लगाऊँ भी तो कैसे,
. . . . .

सपनों तक में आने लगी हो अब तो,
आख़िर तुम्हें भुलाऊँ भी तो कैसे,
. . . . .

तुझे गले लगाऊँ भी तो कैसे,
तुझसे महक आती है किसी और की।

25. कुछ खाली लगता है

सर पे छत है, पेट में रोटी,
फिर भी कुछ खाली लगता है,
सुनता भी हूँ, मैं देखता भी हूँ,
फिर क्यूँ सब जाली लगता है,
जो तुम होते हो, तो सुख होता है,
हर दिन दिवाली लगता है,
सब सच कहते हैं, मेरे अपने जूठे,
पर सच भी गाली लगता है,
सर पे छत है, पेट में रोटी,
फिर भी कुछ खाली लगता है।

. . . . .

जो ख़ुशी मिली थी, वो थमी नहीं,
टूटी है प्याली लगता है,
है सूरज सर पर, पर घोर अँधेरा,
ये धुप है काली लगता है,
पर वो होता है मेरी बाहों में जो,
ज़िन्दगी सुलझा ली लगता है,
हालत जो पूछे तो रो दिया वो,
दिल टूटा हाल-ही लगता है,
सर पे छत है, पेट में रोटी,
फिर भी कुछ खाली लगता है।

26. ख्वाब पाले थे

वो भी दिलकश बहोत थी, हम भी भोले-भाले थे,
कुछ उसने झूठ बोली थी, कुछ हमने ख्वाब पाले थे,
. . . . .

क्या हिसाब करें की किसके हिस्से क्या आया,
आज गम मेरे हवाले हैं, कल हम तेरे हवाले थे,
. . . . .

कुछ कागजों के पन्नों पर गुज़री सारी जवानी थी,
अब रत्ती का बस ढेर हैं, कुछ खत कभी संभाले थे,
. . . . .

ए जिन्दगी तेरे अन्दाज-ए -मोहब्बत का क्या जिक्र करूं,
अब औलाद भी ना पलती है, कभी कितने ख्वाब पाले थे,
. . . . .

अब लोग मिलते, कहतें हैं, यों गुम सुम क्यों, कुछ कहो,
कभी हम भी घंटों कहते थे, कभी हमको सुनने वाले थे।

27. नहीं करते

जाओ हम भी इकरार नहीं करते,
लो कह दिया तुम्से प्यार नहीं करते,
. . . . .

ये नाराजगी ये नखरे इनमें हम भी माहिर हैं,
जान बूझ कर तुम्हें बेकरार नहीं करते,
. . . . .

जबसे इल्म हुआ अपनी हैसियत का,
मस्जिदों के दर अब पार नहीं करते,
. . . . .

तुम चाहती हो के समझें तेरी आँखों की हया हम,
और हम हैं जो अपने अक्स का भी इस्तिक़रार नहीं करते,
. . . . .

ये तो मैखाने कि वजह से आ जाते हैं तेरी गली तक,
हम रोज-रोज कोई तेरा इंतजार नहीं करते।

28. हम नहीं रहें हैं

क्या दिल में तेरे हम नहीं रहे हैं,
पैमाने में बस ग़म भरे हुए हैं,
· · · · ·

मैं तेरे चले जाने का क्या ग़म करूँ,
कोन से ये सिल-सले नयें हैं,
· · · · ·

इस गली में तेरा आना हुआ होगा कभी,
तभी यहाँ इतने दिल जले हुए हैं,
· · · · ·

कुरेदता हूँ रोज इन्हें, कहीं भर ना जाएँ,
ये घाव जो तेरे दिए हुए हैं,
· · · · ·

ये जिन्हें गिरने का खौफ नहीं है,
लगता है इनके पर नए-नए हैं।

29. वो नहीं हैं

इन सन्नाटों से मुझे अब शिकायत नहीं है,
सुकून तो नहीं, पर अच्छा है कोई आहट नहीं है,
. . . . .

हम भी उसी के पीछे बिसमिल हुए थे कभी,
वो ख़ूबसूरत बड़ी है, हिदायत है, हिमायत नहीं है,
. . . . .

एक-आध धोके रो इतना क्यों हैरान हो,
किसने कहा था कि इश्क़ में सियासत नहीं है,
. . . . .

छोड़ के जाते हुए उसने मुड़ के देखा मुझे,
मानो तसल्ली कर रही हो ये सलामत तो नहीं है,
. . . . .

मैं ना-फ़हम इतना समझ ना पाया,
यूँ ही पसंद आ जाने वाली मेरी सूरत ही नहीं है,
. . . . .

वादा तो था कि साथ रहेंगे क़यामत तक,
पता तो करो कहीं आज क़यामत तो नहीं है।

30. उनका जवाब नहीं आता

लिखकर मेरे एहसास एक कागज़ पर,
भेजे थे उन्हें,
कई रातें बीत गईं, कई जनम बीत गए,
कितने दिन इंतज़ार किया है हिसाब नहीं आता,
जो बनती कोई कहानी तो सुनाता आप सब को,
पर क्या करें उनका जवाब नहीं आता।
. . . . . .

सोचता हूँ अक्सर बैठ कर अकेले,
के उनको मेरी चिट्ठी मिल तो होगी,
पढ़े तो होंगे उसने मेरे हालात,
मुस्कान उनके होठों पर एक खिली तो होगी,
पर अकेला लेटा हूँ फिर आज नींद की तलाश में,
कम्बख्त, उनके सिवा कोई ख्वाब नहीं आता,
जो बनती कोई कहानी तो सुनाता आप सब को,
पर क्या करें उनका जवाब नहीं आता।
. . . . .

पुछते हैं दोस्त, कब तक इंतज़ार करेगा,
जब तक मेरी चाहत पूरी न हो जाए,

अब जियूँगा तो बस इंतजार में,
जब तक मौत एक मजबूरी न हो जाए,
जो आशिकी की है तो रज कर करेंगे,
सुना है, लौट कर ये शबाब नहीं आता,
जो बनती कोई कहानी तो सुनाता आप सब को,
पर क्या करें उनका जवाब नहीं आता।
• • • • •

हसीन है वो बेहद इसमें कोई शक नहीं,
अफ़सोस है तो इतना कि उस पर मेरा हक़ नहीं,
जो देख ले वो एक बार, तो वक़्त वहीँ थम जाए,
पर ये जरा मुश्किल है, उसे खुद से तो फुरसत नहीं,
रात की रोशनी सा चमकता वो रूप,
उनके मुक़ाबले में तो गहताब नहीं आता,
जो बनती कोई कहानी तो सुनाता आप सब को,
पर क्या करें उनका जवाब नहीं आता।

31. समेट लूंगा में

तेरी रूह पर मेरा जिस्म सेक लुंगा में
तू टूट कर तो आ, समेट लूंगा मैं,
. . . . .

तू ढूँढ लेना मेरे ज़हन मैं कोई खंडहर ग़म-ए-जहाँ से दूर,
और सर्द रातें गुजारने को तेरी खाल लपेट लूँगा मैं,
. . . . .

तू बरकरार रखना अपना भरम मोहब्बत का,
और अपने ख्वाबों को हवस की भेंट दूंगा में।

32. अंजाम-ए-बेवफ़ाई

अंजाम-ए-बेवफ़ाई से बेहतर अंजाम-ए-वफ़ा हो क्या,
सब कि हिस्से आती हो, तुम क़ज़ा हो क्या,
. . . . . .

अब तो मयखाने मैं भी पहली वाली बात नहीं,
क्या हुआ तुम शीशे से ख़फ़ा हो क्या,
. . . . . .

या है कहीं ठिकाना अब आसमानों में,
हम तुम से तुम को मांगे तुम खुदा हो क्या,
. . . . . .

नहीं जाते अब हम महफ़िल में इस डर से,
जो कोई पूछ ले कि वो कैसी हैं, तो बयान हो क्या,
. . . . . .

सुना है अच् घरानों मैं होती हो बसर बस तुम,
हमे आज तक ना आई कभी, हया हो क्या,
. . . . . .

कहते है तुम्हे पढ़ने का सलीका है कुछ और,
ये अंदाज़-ए-बयान किसी बड़े शायर का लिखा हो क्या।

33. पहली मर्तबा हुआ

कौनसा ये किसी के साथ पहली मर्तबा हुआ,
जो हर कोई पूछता है मुझसे के क्या हुआ,
. . . . .

कोई बता दे इतना अमीर-ए-शहरों को,
जब हाथ उठे ग़रीबों के अज़ान में, तब ख़ुदा हुआ,
. . . . .

बस इतना ही फ़रक है मिलाद का जमाने में,
जो उसने की खता हुई जो मैंने किया गुनाह हुआ,
. . . . .

हाल-ए-दिल की दास्तान छोड़ो अब क्या कहें,
ना उसने कभी पूछा मुझसे, ना मुझसे कभी बायाँ हुआ,
. . . . .

इलम था मुझे अंजाम इस कहानी का क्या होगा,
कुछ वफ़ा हुई, कुछ क़ज़ा हुई और तजुर्बा हुआ,
. . . . .

कुछ इस कदर ज़िंदगी ने मोहब्बत दी है मुझे,
एक लाश फिरती है जिस्तो में, ज़मीर है मारा पड़ा हुआ।

34. अच्छा था

अंधेरे के सताये को चिराग भी बड़ा अच्छा था,
जी जलाता था, जो चमकता महताब भी बड़ा अच्छा था,
. . . . .

घर से निकलते थे कुछ ज़िम्मेदारियाँ बाँध कर,
रोज जिने का लेकिन सबाब भी वो अच्छा था,
. . . . .

आख़िर क़ज़ा मिलि और गिलि भी क्या खूब,
किसी ने तोड़ लिया ड़ाल से के गुलाब बड़ा अच्छा था,
. . . . .

मनचाहे खरीदने की तो कभी हैसियत न हुई,
बेशक सस्ता सही पर वो ख्वाब बड़ा अच्छा था,
. . . . .

कुछ शरीफों ने गरीबों से निवाला लिया छीन,
हाँ गलत किया, पर छिनने का अन्दाज बड़ा अच्छा था,
. . . . .

डूब गए शराब में शब-ए-ग़म बिताने को,
मोहब्बत तो खैर याद नहीं पर इलाज बड़ा अच्छा था,

• • • • •

गुज़रते वक़्त के साथ गुज़र गया एक और,
कल तक का तो पता, नहीं पर वो आज बड़ा अच्छा था।

35. वक़्त का परिणाम

ना हारने को कुछ बचा, ना जीत की कोई आस है,

मैं मौत ले के निकला हूँ, बस खून की एक प्यास है,

ना कोई मेरे साथ है, कुछ मर गये, कुछ डर गये,

एक घर था वो जल गया, आदर्श थे पिघल गये,

मैं लाशों के ढेर से, निकल कर आगे बढ़ गया,

मैं लक्ष्य को अपने, बदल कर आगे बढ़ गया,

मैं इस सफ़र कि बीच यूँ तुझसे क्या टकरा गया,

मैं जीने को निकाला था पर मर कर आगे बढ़ गया,

मैं शान्ति तलाशता, मैं सूर्य को निहारता,

पर अंधकार से घिरा, मैं अंत को पुकारता,

सत्य से हूँ दूर मैं, गुरूर में हूँ चूर मैं,

अहंकार का बना, बस शून्य का हूँ नूर मैं,

उस इन्द्र का मैं ताज हूँ, मैं दर्द की आवाज़ हूँ,

मैं सपनों की लाशों के तले दबा एक राज़ हूँ,

मैं आदि हूँ मैं अंत हूँ, मैं राक्षस मैं संत हूँ,

साहा प्रहार वज्र का, मैं लंबोदर का दंत हूँ,

मैं शांत सी वो शाम हूँ, मैं श्रृष्टि ये तमाम हूँ,

जो चाहता था मैं वो नहीं, मैं वक़्त का परिणाम हूँ,

मैं वक़्त का परिणाम हूँ।